ଅସମାହିତ

ନମିତା ପାଣିଗ୍ରାହୀ

Asamahita
Namita Panigrahi

© Namita Panigrahi

Published in 2024

© Published by

Qurate Books Pvt. Ltd.
Goa 403523, India
www.quratebooks.com
Tel: 1800-210-6527, Email: info@quratebooks.com

ISBN: 978-93-58981-34-6

ବୋଉ,

ତୁ ସବୁବେଳେ ପଚାରୁଥିଲୁ "ଆଉ କ'ଣ ଲେଖୁଲୁଣି ?"

ଆଜି କିଛି ଲେଖିଛି ତୋ ପାଇଁ । ଆଶା କରୁଛି ତୁ ପଢ଼ିବୁ ଆଉ ତୋର
ଆଶୀର୍ବାଦ ମତେ ପୁଣି କିଛି ଲେଖିବାର ପ୍ରେରଣା ଯୋଗାଇବ ।

ବୋଉ

ମୋ ଆଖିରୁ ଲୁଟି ଯାଇଛି-ଛବି ଏକ ନାରୀ ର
ସାଢ଼େ ଚାରି ଫୁଟ ଉଚତା ର ପତଳା ଶରୀର,
ଲୁହବଟୁରା ଦୁଇ ଆଖିରେ ଯା'ର
ବଟୁରିଯାଏ-ଦୁଃଖସବୁ ଆମମାନଙ୍କର ।

ତା'ହାତର ରୁଣ୍ଡ-ଝୁଣ୍ଡୁ ଶବ୍ଦ,
ଆଜି ଆମ ପାଇଁ-
କୋଟିଏ ରାତିର ଗୋଟିଏ ସପନ
"ତୋ'ନାଇଁକୁ ପଚାର" -କହି
ଆଢ଼େଇ ଯାଉଥିବା ପ୍ରଶ୍ନସବୁ ଆଜି-ଶବ୍ଦହୀନ ।

ସୟନ୍‌-ବର୍ଦ୍ଧିତ ତା' ବଗିଚାରେ-
ଫୁଲ ଆଉ ଫଳର ସମ୍ଭାର,
ଅଥଚ-ବସନ୍ତ ପାଲଟିଛି ଆମପାଇଁ –
ରୌଦ୍ରତାପ ନିର୍ମ୍ମ ଗ୍ରୀଷ୍ମର ।

ସବୁଦିନ ପରି ଆଜି ବି ଉଇଁଛି ସୂର୍ଯ୍ୟ -
ପବନରେ ଅଛି ସେଇ ସନ-ସନ ଶବ୍ଦ,

ଖାଲି ଯାହା ସେ ନାହିଁ, ନାହିଁ ତା' ଅସ୍ତିତ୍ବ
ଆକଟିବାକୁ ଆମ ସମସ୍ତଙ୍କୁ -

ତେଣୁ ମୋ' ପୃଥିବୀ ଆଜି- ନୀରବ-ନିସ୍ପନ୍ଦ ।

(ସୁଚରିତା, ମେ' ୧୯୯୩)

ଅସମାହିତ

ବୋଉର   ଅବର୍ତ୍ତମାନକୁ   ନେଇ
ଯେତେବେଳେ କବିତାଟିଏ ଲେଖୁଥିଲି ସେତେବେଳେ
କେବେ ବି ଭାବିନଥିଲି ସେଦିନଟି ଏତେଶୀଘ୍ର ଆସିଯିବ
ଏବଂ ଜୀବନର ଶେଷ ନିଶ୍ୱାସ ପର୍ଯ୍ୟନ୍ତ "ମା-ଛେଉଣ୍ଡ"
ହେବାର ଅନୁଭୂତି ମତେ ଘେରି ରହିବ ।

ବୋଉ ମୋର ଚାଲିଯାଇଥିଲା ମାତ୍ର ୫୪ ବର୍ଷ
ବୟସରେ । ଆଜି ମତେ ୫୧ ବର୍ଷ ବୟସ । ମୁଁ
ଯେତେବେଳେ ଭାବୁଛି... ଯଦି ମୋର କିଛି ହେଇଯାଏ, କିଏ
ବୁଝିବ ମୋ' ପିଲାମାନଙ୍କ କଥା ?

କିନ୍ତୁ ପର ମୁହୂର୍ତ୍ତରେ ଭାବେ-ବୋଉ ଗଲା
ପରେ କୋଉ କଥା ଅବା ଅଟକି ଯାଇଛି କାହା ପାଇଁ ।
ସମସ୍ତେ ନିଜ-ନିଜ ରାସ୍ତାରେ ଚାଲିଛନ୍ତି ଆଉ ଚାଲୁଥିବେ
ମଧ । ବୋଉ ନ ଥିବାର କଷ୍ଟଟି କିନ୍ତୁ, ସବୁବେଳେ ଛାତି
ତଳେ ଚାପି ହୋଇ ରହିଥିବ, ଆଉ ସମୟ ଦେଖି
ଆଖିକୋଣରୁ ଦୁଇ ଟୋପା ଲୁହ ହୋଇ ଝରିଯିବ ।

ଆଜି ବି ସେଇଆ ହେଲା । ଏୟାରପୋର୍ଟ ବାହାରିବା ପୂର୍ବରୁ ହିଁ କେମିତି ଏକ ଅସ୍ୱସ୍ତି ଅନୁଭବ କରୁଥିଲି । ହାଇଦ୍ରାବାଦକୁ ଏଇଟା ମୋର ପ୍ରଥମ ଗସ୍ତ । କିନ୍ତୁ କଷ୍ଟଟିର କାରଣ ପ୍ରଥମ ଗସ୍ତକୁ ନେଇ ନୁହେଁ ବରଂ କିଛି ଭିନ୍ନ ହିଁ ଥିଲା । ବୁଝିପାରୁ ନ ଥିଲି କ'ଣ ଲାଗୁଛି । ଏକୁଟିଆ ତ ଅନେକଥର ଯାତ୍ରା କରିଛି, ଏମିତି କି ବିଦେଶଯାତ୍ରାର କୌଣସି ଅନୁଭବ ନ ଥାଇ ମଧ ସୁଇଜରଲାଣ୍ଡ ଯାଇଛି କିଛି ବର୍ଷ ତଳେ, ସ୍କୁଲର କିଛି ପିଲାଙ୍କୁ ନେଇ ।

ତେବେ ଆଜିର ଏଇ ଯାତ୍ରାକୁ ନେଇ ଏତେ ଆଶଙ୍କା କାହିଁକି ?

ପ୍ରଥମଥର ଯେତେବେଳେ ଓଡ଼ିଶାରୁ ଦିଲ୍ଲୀ ଆସିଥିଲି, ଏରୋପ୍ଲେନରେ ବସିବା ଥିଲା ପ୍ରଥମ । ସେତେବେଳେ ତ ଡ଼ରିନଥିଲି, ତେବେ ଆଜି କାହିଁକି ଏମିତି ଲାଗୁଛି ?

ବୋଉ ପାଖରେ ଥିଲେ ଜମା ଡ଼ର ଲାଗେନା ।

କଥାରେ ଅଛି "ବାପା ଥିବା ପୁଅ ସଭାରେ ହାରେନା, ମା' ଥିବା ପୁଅ କାହାକୁ ଡ଼ରେନା ।"

ସରକାରୀ ଚାକିରୀରେ ଯେତେବେଳେ ନିର୍ଦ୍ଦେଶନାମା ଆସେ ଏକ ନୂଆ ସହରକୁ ଯିବାପାଇଁ, ବିନା ଆପତ୍ତିରେ ସରକାରଙ୍କର ନିର୍ଦ୍ଦେଶକୁ ପ୍ରତିଥର ମାନିଆସିଛନ୍ତି ମୋ ସ୍ୱାମୀ । ସେଇକ୍ରମରେ ଓଡ଼ିଶା ବାହାରକୁ ଯେତେବେଳେ ପ୍ରଥମେ ଆସିବାକୁ ପଡ଼ିଲା, ସେତେବେଳେ ସାନଝିଅକୁ ମାତ୍ର ଦୁଇ ବର୍ଷ । ଏରୋପ୍ଲେନରେ ଯାତ୍ରା କରିବାର ଅନୁଭବ ଥିଲା ସମ୍ପୂର୍ଣ୍ଣ ନୂଆ ଏବଂ ଅନନ୍ୟ । ଯଦିଓ ପରିବାରରେ ସମସ୍ତଙ୍କ ମନରେ ଥିଲା ଏକ ଅକୁହା ଭୟ, ବୋଉ ମୋର ଥିଲା କିନ୍ତୁ ନିର୍ଭୀକ ।

ତା' ମତରେ–ସବୁ ଦିନ ଲକ୍ଷ-ଲକ୍ଷ ଲୋକ ଯାଉଛନ୍ତି, ତେବେ ଡର କାହିଁକି ? ତା ଛଡ଼ା ପ୍ରତ୍ୟେକ ଅନୁଭୂତି କେବେ ନା କେବେ ତ ପ୍ରଥମ ହିଁ ହେବ ।

ଆମଘରର ସବୁଠୁ କମ ପାଠ ପଢ଼ିଥିବା ମଣିଷଟି ସମସ୍ତଙ୍କ ଠୁ ଆଗରେ ଥିଲା ଜୀବନଶୈଳୀ ରେ ।

ତା' ସମବୟସ୍କ ଲୋକମାନଙ୍କ ମଧ୍ୟରେ ତା' ଚିନ୍ତାଧାରା ଥିଲା ସବୁଠୁ ଉନ୍ନତ ଏବଂ ସମୟଯୋଗ୍ୟ ।

ତା'ର ପଦଟିଏ କଥା ମୁଁ ଆଜିଯାଏଁ ଭୁଲିନି । ବାହାଘରର କେଇ ମାସପରେ ପାଠପଢ଼ାରେ ପୂର୍ଣ୍ଣଛେଦ

ଦେବା ପାଇଁ ମତେ କିଛିଦିନ ରହିବାକୁ ପଡ଼ିଥିଲା ବାପଘରେ । ସେ ଦିନଟି ଥିଲା ରବିବାର । ତେଣୁ ଘରର ସବୁ ସଦସ୍ୟଙ୍କୁ ନେଇ ଚା'ର ଆସର ଜମିଥାଏ ସନ୍ଧ୍ୟାରେ ।

କଥା ଛଳରେ ଭାଇ-ଭଉଣୀମାନେ ଠଟ୍ଟା-ମଜାରେ କିଛି କହିଦେଲେ...ମୋ ଶାଶୁଘରକୁ ନେଇ...

ଆଉ ମୁଁ ମଧ ତାଙ୍କ କଥାରେ ତାଳ ଦେଇ କିଛି-କିଛି ମନ୍ତବ୍ୟ ଦେଉଥିଲି । ହଠାତ ମୋର ଦୃଷ୍ଟି ପଡ଼ିଲା ବୋଉ ଉପରେ । କିଛି ନ କହି ମଧ ତା' ମୁଖଭଙ୍ଗୀରୁ ମୁଁ ଜାଣିପାରିଲି ମୋ' ମନ୍ତବ୍ୟକୁ ନେଇ ସେ ଖୁସି ନୁହେଁ ।

ରାତିରେ ତା'ପାଖରେ ଶୋଇଲା ବେଳେ ତାକୁ କୁଣ୍ଢେଇକି ପଚାରିଲି–

"ବୋଉ, ତୁ ରାଗିଚୁ କି ମୋ ଉପରେ ?"

ହସି ଦେଇ ବୋଉ କହିଲା – "ନାଁ ତ ।"

ମୁଁ କିନ୍ତୁ ଛାଡ଼ିବା ଲୋକ ନୁହେଁ ।

ପୁଣି ପଚାରିଲି...

ବୋଉ ମୋ ମୁଣ୍ଡକୁ ଆଉଁସି ଦେଉ ଦେଉ କହିଲା- "ତୁ ଏବେ ଏଇ ଘରର ଝିଅ ଠୁ ଅଧିକା ସେ' ଘରର ବୋହୂ । ଶାଶୁଘରର ମାନ-ସମ୍ମାନ ଏବେ ତୋ' ହାତରେ । ଗୋଟିଏ କଥା ସବୁବେଳେ ମନେ ରଖ୍ଥିବୁ–ବାପଘରର ବଡ଼େଇ ଶାଶୁଘରେ କରିବୁନି କି ଶାଶୁଘରର ସମାଲୋଚନା ବାପଘରେ କରିବୁନି ।"

ବୋଉର ଏଇ କଥା ପଦକ ମୁଁ ଆଜିଯାଏଁ କାନିରେ ଗଣ୍ଠି ପକେଇକି ସାଇତି ରଖ୍ଛି । ସେଇଦିନ ପରଠୁ ମୋର ମନେନାହିଁ ଆଉ କେବେ ବି ଏମିତି କିଛି ଆଲୋଚନାର ଆସର ଜମିଛି ମୋର ଉପସ୍ଥିତିରେ ।

ବାହାଘର ପରେ ବାପଘରକୁ ଯିବାର ସୁଯୋଗ ମୋ ପାଇଁ କମ ଥିଲା । ବୋଧହୁଏ ଦୁଇଟି ସହରର ଦୂରତ୍ଵ ଯୋଗୁଁ ଅବା ମୋର ଚାକିରୀ ଯୋଗୁଁ ।

ବାହାଘରର ବର୍ଷେ ପରେ ମୁଁ ସ୍କୁଲରେ ପାଠ ପଢ଼େଇବା ଆରମ୍ଭ କରି ଦେଇଥିଲି । ତେଣୁ ଛୁଟି ହେବା ମାତ୍ରେ ତାଲିକାରେ ପ୍ରଥମ ନାଁ ଟି ରହୁଥିଲା ଶାଶୁଘରର । କେବେ କେମିତି ମୁଁ ଅଭିଯୋଗ କରୁଥିଲି ବୋଉ ପାଖରେ...

କିନ୍ତୁ ସବୁଥର ସେ ମତେ ବୁଝେଇ ଦିଏ– "ହାତୀ ବନସ୍ତରେ ରହିଲେ ବି ରାଜାଙ୍କର ପରା । କ'ଣ ହେଲା ତୁ ମୋ

ପାଖକୁ ନ ଆସିପାରିଲେ । ତୋ ଶାଶୁ- ଶ୍ୱଶୁରଙ୍କର ସେବା କଲେ ତା'ର ଫଳ ଆମକୁ ପ୍ରାପ୍ୟ ହେବ । ଆମେ ସେଇଥ୍‌ ରେ ହିଁ ଖୁସି ।"

ତା' କଥାକୁ ମୁଁ ବୁଝି ନ ପାରୁଥିଲେ ବି କାଟି ପାରୁ ନ ଥିଲି ।

ବୋଧହୁଏ ସେ ସବୁକୁ ବୁଝିବାର ମୋର ବୟସ ହିଁ ନ ଥିଲା ।

****

ପ୍ରତିଷ୍ଠିତ ଏକ ଆଇନ ମହାବିଦ୍ୟାଳୟର ଅଧ୍ୟାପିକା ମୋର ବଡ଼ଝିଅ। ମୋ ବାହାଘର ସମୟର କଥା ଶୁଣିଲେ ଆଶ୍ଚର୍ଯ୍ୟ ହୁଏ।

କହେ ମୋ' ବାହାଘରର ପ୍ରଥମ ନିୟମ-ମୁଁ ମୋ ମା-ବାପାଙ୍କ ପାଖରେ ହିଁ ରହିବି।

ମୁଁ ହସିକି କହେ "କେହି ମାନିବେନି ତୋ' ନିୟମ"...

ସେ ହସି ହସି କହେ "ତାହା ହେଲେ ମୁଁ ବାହା ହିଁ ହେବିନି"...

ବୋଉ ଗଲାପରେ ଲେଖାଲେଖି କରିବା ପ୍ରାୟତଃ ମୁଁ ଛାଡ଼ି ଦେଇଥିଲି। ନିଜର କର୍ମବହୁଳ ଜୀବନରେ ଲେଖା ପାଇଁ ସମୟର ଅଭାବ ରହୁଥିଲା ଅବା ବୋଉର ଅନୁପସ୍ଥିତି ଜାଣେନି। ବୋଉ ଥିଲା ମୋ ଲେଖିକା ଜୀବନରେ ପ୍ରେରଣାର ଉସ। ମୁଁ କିଛି ବି ଲେଖୁଥିଲେ କହୁଥିଲା ଭଲ ଲେଖୁଛୁ, କିଛି ନ ଲେଖିଲେ ପଚାରୁଥିଲା ଆଉ କଣ ସବୁ ଲେଖିଲୁଣି।

ଆଜି ଯେତେବେଳେ ପଛକୁ ଫେରି ଚାହେଁ, ଦେଖେ ବୋଉ ସହିତ ମୋ'ର କିଛି ଅଂଶ ହଜିଗଲା ଯେମିତି।

ଲେଖିବାକୁ ଚେଷ୍ଟା କଲେ ବି ଲେଖିପାରେନି । ସତେ ଯେମିତି ଅଭିମାନରେ ନିସ୍ତବ୍ଧ ମୋ ଭିତରର ଲେଖିକାଟି । କେହି ନାହିଁ ପଚାରିବାକୁ "କଣ ଆଉ ଲେଖିଲୁଣି ?"

ଝିଅ ମୋର ଲେଖାଲେଖି କରେ ଆଉ ତା' ଲେଖାରେ ମୁଁ ଖୋଜେ ବୋଉକୁ, ବୋଉର ଆଗ୍ରହଭରା ଅନୁସନ୍ଧାନକୁ ।

ଭାବିଲି ଟିକେ କଥା ହେଇଯାଏ ଝିଅ ସହିତ । ବାହାରେ ରହୁଥିବାରୁ ତାକୁ ସମୟ ଦେଖି ମୁଁ କଥା ହୁଏ । ତା' ସହିତ ଦୁଇପଦ କଥା ହେଲେ ମତେ ଭଲ ଲାଗେ । ମୁଁ ଭାବପ୍ରବଣ ହେଲେ ତାକୁ ହିଁ ଖୋଜେ ।

ଫୋନ ରିଂ ହେଇ ହେଇ କି ରହିଲା । ଘଡ଼ିକୁ ଦେଖିଲି, ରାତି ବହୁତ ହେଲାଣି, ଶୋଇ ପଡ଼ିଥିବ ବୋଧେ । ସ୍ୱାମୀଙ୍କୁ ଲଗେଇଲି ଫୋନ । ଆରପଟରୁ ତାଙ୍କ ଆଶ୍ୱାସନାର ସ୍ୱର ଶୁଣି ଟିକେ ନିଶ୍ଚିତ ହେଲି – ସିଏ ମୋର ସାହସ ।

ମୋର ବ୍ୟସ୍ତତା ଦେଖି କହିଲେ... ଦିନଯାକର ପରିଶ୍ରମ ପାଇଁ ଥକି ପଡ଼ିଛ । ଟିକେ ବିଶ୍ରାମ ନେଲେ ଭଲ ଲାଗିବ ।

ହାଇଦ୍ରାବାଦ ସହରକୁ ସ୍ୱାମୀଙ୍କର ପୋଷ୍ଟିଙ୍ଗ ହେଇଛି ମାତ୍ର ମାସେ ଆଗରୁ । ବିଗତ କିଛି ବର୍ଷ ଧରି ଆମ ଦୁଇଜଣଙ୍କର କାର୍ଯ୍ୟସ୍ଥଳୀ ଅଲଗା-ଅଲଗା ସହରରେ । ଭାରତ ସରକାରଙ୍କ ଅଧୀନ ଏକ ବିଦ୍ୟୁତ କମ୍ପାନୀର ଉଚ୍ଚ-ପଦସ୍ଥ ଅଧିକାରୀ ମୋ ସ୍ୱାମୀଙ୍କୁ, ଛୁଟିନେବା ମୁଁ ବହୁତ କମ ଦେଖିଛି । ପିଲାମାନଙ୍କ ପାଠପଢ଼ା ପାଇଁ ମୁଁ ରହିଲି ଦିଲ୍ଲୀରେ ଆଉ ସିଏ ବୁଲିଲେ ଗୋଟିଏ ସହରରୁ ଆଉ ଗୋଟିଏ ସହରକୁ ।

ବେଳେ ବେଳେ ଭାବେ କାହାର ବଳିଦାନ କାହା ପାଇଁ ? ମୋ ପାଖରେ ତ ପିଲାମାନେ ଅଛନ୍ତି । ତାଙ୍କ ପାଖରେ ତ କେହି ବି ନାହାଁନ୍ତି । ତେଣୁ ଛୁଟି ହେଲାମାତ୍ରେ ମୁଁ ଚେଷ୍ଟା କରେ ତାଙ୍କ ପାଖକୁ ଆସିବା ପାଇଁ ।

ସେଇ କ୍ରମରେ ସମୟ ନଷ୍ଟ ନ କରି ମୋର ଯାତ୍ରା ଆରମ୍ଭ ହୁଏ କେବେ ସନ୍ଧ୍ୟାବେଳର ଟ୍ରେନରୁ ତ କେବେ ମଧରାତ୍ରିର ଏରୋପ୍ଲେନରୁ । ପ୍ରାୟ ସବୁ ଯାତ୍ରା ଥାଏ ଉତ୍ସାହ ଭରା । କାହିଁକି କେଜାଣି ଏଇଥର ର ଅନୁଭବ ଟି ଟିକେ ଭିନ୍ନ ।

****

ହାଇଦ୍ରାବାଦ ସହର ସହିତ ଏକ ଦୁଃଖଦ ଅନୁଭୂତି ରହିଛି ମୋର ବୋଉକୁ ନେଇ । ସାଢ଼େ ଚାରି ଫୁଟ ଉଚ ପତଲା ମଣିଷଟିଏ ଥିଲା ବୋଉ । ପାଠପଢ଼ାକୁ ଅଧାରେ ରଖି ନନାଙ୍କୁ ବାହାହୋଇ ଯେତେବେଳେ ଶାଶୁଘରକୁ ଆସିଲା, ସେତେବେଳେ ତା'ର ବୟସ ମାତ୍ର ସତରବର୍ଷ । ପରିବାରର ଏକମାତ୍ର ରୋଜଗାରକ୍ଷମ ସଦସ୍ୟ ଥିଲେ ନନା । ତେଣୁ ସମସ୍ତଙ୍କର ଦାୟିତ୍ୱ ଥିଲା ତାଙ୍କ ଉପରେ ।

ଚାରି ଭାଇ-ଭଉଣୀ, କକେଇ-ପିଉସୀନାନୀ, ବୁଢ଼ାବାପା-ବୁଢ଼ୀମାକୁ ନେଇ ଆମ ପରିବାର ଥିଲା ଖୁବ ବଡ଼ । ଯଦିଓ ବୁଢ଼ାବାପା-ବୁଢ଼ୀମା ଅଧିକାଂଶ ସମୟ ଗାଁରେ ରହୁଥିଲେ କିନ୍ତୁ କକେଇ ଆଉ ପିଉସୀନାନୀ ରହୁଥିଲେ ଆମପାଖରେ । ତାଙ୍କ ପାଠପଢ଼ାଠୁ ଚାକିରୀ ଏବଂ ବାହାଘର ପର୍ଯ୍ୟନ୍ତ ସବୁ ଖର୍ଚ ନନା ହିଁ କରୁଥିଲେ ।

ମୋର କିନ୍ତୁ ମନେନାହିଁ କେବେ ବି ବୋଉକୁ ଅଭିଯୋଗ କରିବାର । ଅଭିଯୋଗ ତ ଦୂରର କଥା ବରଂ ପର୍ବ-ପର୍ବାଣିରେ ଆମର ଲୁଗାପଟ୍ଟା ନ ହେଲେ ବି କକେଇ-ପିଉସୀନାନୀ ପାଇଁ ଆଗ ବରାଦ କରେ ବୋଉ ।

ଆମ କୁ ବୁଝାଏ – "ଏବେ ପରା ତମର ସ୍କୁଲ ଜାମା-ପେଣ୍ଟ ହେଇଛି ।"

"ତୋ'ର ଯୋଉ କଥା'... କହି ଆମେ ହସରେ ଉଡ଼େଇ ଦେଉଥିଲୁ ବୋଉର କଥାକୁ ।

ଅଧା ପାଠ ପଢ଼ିଥିବା ମଣିଷଟି କିନ୍ତୁ ପରିବାରକୁ ବାନ୍ଧି ରଖିବାର କୌଶଳଟି ଶିଖି ଯାଇଥିଲା ଖୁବ କମ ବୟସରୁ ।

****

ଫ୍ଲାଇଟ୍ ବିଲମ୍ବ ହେବାର ଘୋଷଣା ଟି ମତେ ବିଚଳିତ କରିବା ପାଇଁ ଯଥେଷ୍ଟ ଥିଲା । ଏମିତିରେ ପୁରା ଦିନ କାମ କରିକି ସିଧା ସ୍କୁଲରୁ ଏୟାରପୋର୍ଟ ଆସିଥିଲି । ଏବେ ପୁଣି ଆହୁରି ବିଲମ୍ବ ହେବ ଘରେ ପହଞ୍ଚିବା । ଯଦିଓ ମୁଁ ମନା କରିଥିଲି, କିନ୍ତୁ ଡ୍ରାଇଭର ରଘୁ ଆସି ଅପେକ୍ଷା କରୁଥିବ ନିଶ୍ଚୟ । ବିଚରା ମୋ ପାଇଁ ଆଜି ତାକୁ ବି ରାତି-ଅନିଦ୍ରା ହେବାକୁ ପଡ଼ିବ । ଆଜିକାଲି ଗାଡ଼ି ବୁକ କରିବା କିଛି ବଡ଼ କଥା ନୁହେଁ, ତା ଛଡ଼ା ଏକୁଟିଆ ଯିବା ଆସିବା କରି କରି ମୁଁ ଅଭ୍ୟସ୍ତ ହୋଇଗଲିଣି । ତେଣୁ ମୋ ପାଇଁ କାହାକୁ ଅପେକ୍ଷା କରିବା ଟି ମତେ ଟିକେ ମାଡ଼ି ମାଡ଼ି ପଡ଼ିଲା ।

ରଘୁକୁ ଫୋନ କରି ଜଣେଇ ଦେଲି ମୋର ବିଲମ୍ବିତ ଆଗମନ ବିଷୟରେ । ବ୍ୟାଗ ଖୋଲିବାରୁ ମନେ ପଡ଼ିଗଲା ଶ୍ୱାସ-ଜନିତ କଷ୍ଟ ପାଇଁ ଔଷଧଟି ଖାଇନି ଆଜି । ବୋଧହୁଏ ସେଇଥି ପାଇଁ ମନ ଟିକେ ବିଚଳିତ ଅଛି ।

ବୋଉ ବି ଥିଲା ଶ୍ୱାସରୋଗୀ ।

ବୋଉ ଯିବାର ଆଜିକୁ କୋଡ଼ିଏ ବର୍ଷ ବିତିଗଲାଣି । ଏତେ ଗୁଡ଼ାଏ ବର୍ଷରେ ତା' କଥା ଅନେକ ଥର ମନେ ପଡ଼ିଛି । ଆଖି ଲୁହରେ ବତୁରି ଯାଇଛି ତକିଆ । ଶେଷ ମୁହୂର୍ତରେ ତା' ପାଖରେ ନ ରହିପାରିବାର ଅବଶୋଷ ମତେ

ଅନେକ ସମୟରେ ମର୍ମାହତ କରିଛି । ବେଳେବେଳେ ନିଜକୁ ବୁଝେଇନିଏ... ବୋଧେ ସେଇଆ ବିଭୁ ନିର୍ଦ୍ଦେଶ ଥିଲା ।

ବଡ଼ନାନୀକୁ କୁଣ୍ଢେଇ କାନ୍ଦିଲାବେଳେ ମତେ ବୁଝାଏ– "ଭଲ ହେଇଛି ତୁ ନ ଦେଖିଲୁ । ତୋ' ମନରେ ବୋଉର ଛବି ସବୁ ବେଳେ ହସହସ ରହିବ । ଆମେ ତାକୁ ଯେମିତି ଦେଖିଲୁ ସେ କଷ୍ଟ ସାରା ଜୀବନ ଆମକୁ କଷ୍ଟ ଦେବ ।"

ମୋର ପିଲାଦିନର କଥା... ବୋଉର ଗହଣା ସବୁ ବ୍ୟାଙ୍କ ଲକରରେ ବର୍ଷ‍ଯାକ ରହି ଦିନକ ପାଇଁ ଘରକୁ ଆସନ୍ତି ନିଲାମ ହୋଇଯିବା ଭୟରେ । ସେଦିନ ବୋଉ ଗହଣା ସବୁକୁ ଧୋଇମାଜିକି ପୁଣି ନନାଙ୍କ ହାତକୁ ଟେକିଦିଏ, କାହିଁକି ନା ସେଇଥିରେ ଚାଲିବ–ପିଲାଙ୍କର ବଢ଼ିଲା ବୟସର ପଢ଼ାଖର୍ଚ୍ଚ, ଭାଇ-ଭଉଣୀଙ୍କର ପରିବାର ଖର୍ଚ୍ଚ ଏବଂ ସ୍ୱାସ୍ଥ୍ୟ-ଜନିତ ଖର୍ଚ୍ଚ ବୟସ୍କ ବାପା-ମାଙ୍କର ।

ମୁଁ ଜିଦକରେ--- "ତୁ ଟିକେ ପିନ୍ଧିଲୁ ଗହଣା ସବୁ...

ଆମେ ଟିକେ ଦେଖିବୁ ତତେ..."

ଛୋଟ ହସଟିଏ ହସି ଦେଇ କଥା ବୁଲେଇ ଦିଏ ବୋଉ ।

ଆଉ ତା' ସ୍ମିତହାସରେ ହଜିଯାଏ ତା'ର
ଭାରାକ୍ରାନ୍ତ ମନର ଅବଶୋଷ ଅବା ଅଭିଯୋଗ ।

ପାଣିକାଚ ଭରା ତା' ହାତର ସ୍ୱର୍ଣ ଆଜି ଆମ
ପାଇଁ ସ୍ୱପ୍ନ ସିନା ।

****

ଦେହାନ୍ତ ହେବାର ପାଖାପାଖି ପାଞ୍ଚବର୍ଷ ପୂର୍ବରୁ ବୋଉର ସ୍ୱାସ୍ଥ୍ୟରେ ଅବନତି ହେଉଥିଲା । ପିଲାଙ୍କ ପାଠପଢ଼ା- ବାହାଘର- ଡେଲିଭେରିର ବାହାନାରେ ବୋଉ କିନ୍ତୁ ମୃତ୍ୟୁର ପାଖରେ ପହଞ୍ଚି ସାରିଥିଲା ଆମ ଅଲକ୍ଷ୍ୟରେ । ହୃଦୟ-ତନ୍ତ୍ରୀରେ ଅନୁଭବ କରୁଥିବା ଛୋଟ କଷ୍ଟଟି ଭିତରେ-ଭିତରେ କାୟା ବିସ୍ତାର କରୁଥିବାର ଖବର ମିଳିଲା ଖୁବ୍ ଡେରିରେ ।

ନନାଙ୍କର ସବୁଚେଷ୍ଟା, ଡାକ୍ତରମାନଙ୍କର ଅକ୍ଳାନ୍ତ ପରିଶ୍ରମ ବୋଉକୁ ବଞ୍ଚେଇପାରି ନ ଥିଲା । ହାଇଦ୍ରାବାଦ ହସ୍ପିଟାଲରେ ଚିକିତ୍ସାଧୀନ ଅବସ୍ଥାରେ ହିଁ ବୋଉ ଚାଲିଯାଇଥିଲା ।

ମୋର ଆଜି ବି ମନେ ଅଛି ତା'ର ଶେଷ କେଇ ପଦ କଥା... ଅପରେସନ ଥିଏଟରକୁ ଯିବା ପୂର୍ବରୁ ଜଲଖିଆ ଖାଇବାବେଳେ ଫୋନରେ କଥା କରେଇଥିଲା ସାନଭାଇ ।

ତା' ଭାଷାରେ–ବୋଉକୁ ଏତେ ଖୁସିରେ ଖାଇବାର କେବେ ଦେଖି ନ ଥିଲା ସିଏ । ସେଇଟା ଥିଲା ବୋଉର ଶେଷଖାଦ୍ୟ । ମନେନାହିଁ କେବେ ବୋଉକୁ ଆରାମରେ ବସି ଖାଇବାର ।

ଫୋନରେ ବୋଉକୁ ପଚାରିଲି- "କିଛି କହିବୁ ?"

ତା'ର ସଂକ୍ଷିପ୍ତ ଉତ୍ତର ଥିଲା- "ନା, ଅପରେସନ ପରେ କଥା ହେବି ।"

ଅପରେସନ ସରିଲା । ସଫଳ ବି ଥିଲା । ଡାକ୍ତରଙ୍କ କହିବା ଅନୁଯାୟୀ ଏଇଟା ସେମିତି କିଛି ଜଟିଳ ଅପରେସନ ନୁହେଁ ତେଣୁ କିଛି ଅସୁବିଧା ନାହିଁ ।

ଦୁଇଭାଇ ମୋର ଥିଲେ ବୋଉ ପାଖରେ । ମୋ କୋଳରେ ଥିଲା ଛୋଟଛୁଆ । ତେଣୁ ମୁଁ ଭାବିନେଲି ବୋଉ ଘରକୁ ଫେରିଲେ ତା' ପାଖରେ ରହି ତା'ର ସେବା କରିବି । ମୋର ଧାରଣା ଥିଲା ସମ୍ପୂର୍ଣ୍ଣ ଭୁଲ ।

ବାପା-ମା'ଙ୍କର ସେବା କରିବାକୁ ସୁଯୋଗର ଅପେକ୍ଷା କରାଯାଏନି ବରଂ ସୁଯୋଗ କୁ ବନେଇବାକୁ ପଡ଼େ ।

ବଡ଼ନାନୀ ମଧ ଓଡ଼ିଶାରୁ ଆସିଗଲା ବୋଉକୁ ଦେଖିବା ପାଇଁ, ପିଲାମାନଙ୍କୁ ଶାଶୁ-ଶ୍ୱଶୁରଙ୍କ ପାଖରେ ଛାଡ଼ି । ମୁଁ କିନ୍ତୁ ଥିଲି ବୋଉର ଅଯୋଗ୍ୟ ସନ୍ତାନ । ସୁଦୂର ଦିଲ୍ଲୀ ସହରରେ ନା ଥିଲେ ଶାଶୁ-ଶ୍ୱଶୁର ନା ପରିବାରର ଅନ୍ୟ କେହି ।

କହିବାକୁ ଗଲେ ମୁଁ କେବେ ଭାବି ହିଁ ନ ଥିଲି ମୋ ପାଖରେ ବୋଉକୁ ଦେଖିବାର ସୁଯୋଗ ଆଉ ମିଳିବନି ।

ଅପରେସନ ଥିଏଟରରୁ ସଫଳ ହୋଇ ବୋଉ ଫେରିଲା ସିନା କିନ୍ତୁ ଗୋଟେ ଜଟିଳ ସମସ୍ୟା ହୋଇସାରିଥିଲା ରାତିକ ଭିତରେ । ଏକ ଛୋଟ ରକ୍ତ-କଣିକା ମସ୍ତିଷ୍କର ସୂକ୍ଷ୍ମ-ତନ୍ତ୍ରୀରେ ରାସ୍ତା ଅବରୋଧକ ହୋଇ ବୋଉର ସୁସ୍ଥ ହେବାର ସବୁ ରାସ୍ତାକୁ ବନ୍ଦ କରି ସାରିଥିଲା ।

ଅପରେସନର ତିନିଦିନ ପରେ ବୋଉ ଆଖି ଖୋଲିଲା ସତ, କିନ୍ତୁ ଆମ ପାଇଁ ସେ ହୋଇଯାଇଥିଲା ଏକ–ଭିନ୍ନ ମଣିଷ । ଚିହ୍ନି ପାରୁ ନ ଥିଲା କାହାକୁ–ନା ନନାଙ୍କୁ ନା ଭାଇମାନଙ୍କୁ ।

ବାସ ଜଳ-ଜଳ କରି ଚାହୁଁଥିଲା ସଭିଙ୍କୁ, ଆଖିରେ ଆଖିଏ ପ୍ରଶ୍ନ ନେଇ । ବୋଧହୁଏ ନିଜକୁ ନିଜେ ପଚାରୁଥିଲା । ଯଦିଓ ସେ ଜାଣିଥିଲା ତା' ପ୍ରଶ୍ନର ଉତ୍ତର କାହା ପାଖରେ ବି ନାହିଁ ।

ଅପରେସନ ସରିବା ମାତ୍ରେ ବଡ଼ଭାଇର ଆବେଗଭରା ଫୋନକଲରେ ମୁଁ ଆଶ୍ୱସ୍ତ ହେଲି । ଯାହାହେଉ ବୋଉ ମୋର ଏବେ ଠିକ ହୋଇଯିବ । ଏବେ ତାକୁ ମୁଁ ମୋ

ପାଖକୁ ନେଇ ଆସିବି । ପୁରା ଦିଲ୍ଲୀ ବୁଲେଇବି । ଏରୋପ୍ଲେନରେ କେବେ ବସିନି ସେ । ତେଣୁ ମୁଁ ତା'ର ପ୍ରଥମ ଅନୁଭୂତି ର ସାକ୍ଷୀ ହେବି ।

କିନ୍ତୁ ମଣିଷର ସବୁ ସ୍ୱପ୍ନ କ'ଣ ସତ ହୁଏ ?

ଏବଂ ଅସମ୍ପୂର୍ଣ୍ଣ ସ୍ୱପ୍ନର ତାଲିକାରେ ପ୍ରଥମ ନାଁ ଟି ଲେଖା ସରିଥିଲା ମୋ ଅଜାଣତରେ ।

****

କୁମାର-ପୂର୍ଣ୍ଣିମାରେ   ଅପରେସନ ହୋଇଥିବା ଲୋକଟି ପୁରା କାର୍ତ୍ତିକ-ମାସ ପଡ଼ିରହିଲା ହସ୍ପିଟାଲର ଆଇ-ସି-ୟୁ ଭିତରେ ।

ମୁଁ ଯେତେବେଳେ କଥା ହେଉଥିଲି ଭାଇ-ଭଉଣୀଙ୍କ ସହ-ମୋର ଅସହାୟତାକୁ ନେଇ, ସେମାନେ ମନା କରି ଦେଉଥିଲେ-କ'ଣ କରିବୁ ଏଠିକି ଆସିକି ? ବୋଉ ତ ଚିହ୍ନି ପାରୁନି କାହାକୁ ବରଂ ଭଲ ହୋଇଯାଉ ତା'ପରେ ଆସିବୁ ଦେଖିବାକୁ ।

ବୋଉର   ଅଭାବ   ସବୁ   ବୟସରେ ଅପୂରଣୀୟ । ଆଜିର ପରିଣତ ବୟସରେ ଯାହା ବୁଝିପାରିଲି ସେଇ ବୟସରେ କାହିଁକି ଆସିଲାନି ମନକୁ ।

ବୋଉ ସିନା ମତେ ଚିହ୍ନିପାରିବନି ମୁଁ ତ ଜାଣିଚି ସେ ମୋ' ବୋଉ ।

ଝିଅ ହିସାବରେ କ'ଣ ମୋର କର୍ତ୍ତବ୍ୟ ନ ଥିଲା ତା' ପାଖରେ ରହିବାର ? ତେବେ କାହିଁକି ଜିଦ୍‌ କରି ଚାଲିଗଲିନି ତା' ପାଖକୁ, କାହିଁକି ଅପେକ୍ଷା କଲି ତା'ର ଭଲ ହେବାକୁ ?

କାହିଁକି ରହିଲିନି ତା' ପାଖରେ ତା' ଶେଷ ସମୟରେ ?

କାହିଁକି ?

ମନରେ ଅନେକ ପ୍ରଶ୍ନ ।

କଥାରେ ଅଛି ଦୁହିତା ଦୁଇକୁଳକୁ ହିତା । କିନ୍ତୁ ବାସ୍ତବରେ ମୋ ଛଡ଼ା ଘରର ପ୍ରତ୍ୟେକ ସଦସ୍ୟ ଥିଲେ ବୋଉ ପାଖରେ । ନିଜ-ନିଜର କର୍ମକ୍ଷେତ୍ରରୁ ଅବକାଶ ନେଇ-ଅପରେସନ ପୂର୍ବରୁ ବି ଏବଂ ପରେ ବି ।

ମୁଁ କିନ୍ତୁ ଥିଲି ବୋଉର ଅଭାଗା ସନ୍ତାନ ।

****

ବୋଉର ଜୀବନଚର୍ଯ୍ୟାରେ ନଡ଼ିଆ ତେଲର ଏକ ବିଶେଷ ଭୂମିକା ରହିଥିଲା । ପ୍ରତିଦିନ ସେ ନିଷ୍ଚୟ ତେଲ ଲଗେଇ କି ଗାଧୋଉଥିଲା । କେବେକେବେ ମୁଁ ତା' ମୁଣ୍ଡ କୁଣ୍ଡେଇ ଦେଉଥିଲି । ଘରଯାକର କାମକୁ ନିଜେ ହିଁ ଦେଖୁଥିଲା ସିଏ । ନା' ଥାଏ ଲୁଗାସଫା କରିବାର ଯନ୍ତ ନା' ଥାଏ ଘରକାମ କରିବା ପାଇଁ ଲୋକ । ବୋଉ କିନ୍ତୁ ବିନା ଆପତ୍ତିରେ ପ୍ରତିଟି କାମକୁ ସମସ୍ତଙ୍କ ମନ ମୁତାବକ କରି ନେଉଥିଲା । ପର୍ବ-ପର୍ବାଣିରେ ଉପାସ-ବ୍ରତ କରୁଥିଲେ ମଧ ଆମିଷ-ପ୍ରିୟ ନନାଙ୍କର ରୁଚିକୁ ନେଇ ସେ ଖାଦ୍ୟ ପ୍ରସ୍ତୁତ କରେ । ନା' କେବେ ଅଭିଯୋଗ କରେ ନା' କେବେ ଅଭିମାନ ।

ତା' ବୈବାହିକ ଜୀବନର ପରିଧିରେ କେନ୍ଦ୍ରବିନ୍ଦୁ ଥିଲେ ନନା । ନନାଙ୍କ ଖୁସିରେ ଖୁସି ରହୁଥିବା ଏକ ସାଧାରଣ ମଣିଷଟି ଏତେ ଶକ୍ତି ପାଉଥିଲା କେଉଁଠୁ ?

ନନା ଥିଲେ ସରକାରୀ ମହାବିଦ୍ୟାଳୟର ଅଧାପକ । ଚାକିରୀ ଜୀବନରେ କେତେ ଥର ଜାଗା ପରିବର୍ତ୍ତନ କରିବାକୁ ହେଇଛି । ସରକାରୀ ଘର ଛାଡ଼ିବାର ଭୟ ବୋଉକୁ ବ୍ୟତିବ୍ୟସ୍ତ କରେ । ନିଜ ଘର ବନେଇବାର ତା'ର ଅବିରତ ଅନୁରୋଧକୁ ନନା ବାରମ୍ବାର ଏଡ଼େଇ ଦେଉଥିଲେ ।

ବୋଉ କୁ ବୁଝାଉ ଥିଲେ- "ଆମ ପିଲାମାନେ ଯୋଗ୍ୟର ହେଲେ ସେମାନେ ହେବେ ଆମଘର । କ'ଣ କରିବା ଘର ବନେଇ କି ?"

କେବେ କେବେ ମନ ଖରାପ କରୁଥିଲେ ବି ନନାଙ୍କର ଏଇ ପଦକ କଥାରେ ବୁଝି ଯାଉଥିଲା ସୁନାପିଲାଙ୍କ ପରି । ଆଜି ଯେତେବେଳେ ପଛକୁ ଫେରି ଦେଖେ- ଭାବେ ଭଲ ହେଇଛି ନନା ଦେରିରେ ଘର କଲେ । ନିଜଘରକୁ ଆସିବାର ଠିକ୍ ଦୁଇବର୍ଷ ପୂରିବା ଦିନ ବୋଉ ଚାଲିଗଲା ଏ ସଂସାରୁ ।

ସାରା ଜୀବନ ସରକାରୀ ଘରେ ରହିବା ପରେ ଯେତେବେଳେ ସମୟ ଆସିଲା ନିଜ ଘରେ ରହି ସୁଖ ଅନୁଭବ କରିବାର-ଠିକ୍ ସେତେବେଳେ ଚାଲିଗଲା ସିଏ ।

କାହିଁକି ଏମିତି ହୁଏ ?

ଜୀବନର କିଛି ପ୍ରଶ୍ନ ଅଛିଣ୍ଠା ଅଙ୍କ ପରି, ଚେଷ୍ଟା କଲେ ମଧ ତା'ର ସମାଧାନ ମିଳିପାରେନି ।

ଔଷଧ ଖାଇଥିବାରୁ ଛାତି କଷ୍ଟ ଟିକେ କମିଲା ପରି ଲାଗୁଛି । ଯଦିଓ ଔଷଧର ପ୍ରଭାବ ମତେ ଶାରୀରିକ

ସ୍ତରରେ ସୁସ୍ଥ ଅନୁଭବ କରାଉଥିଲା, କିନ୍ତୁ ମାନସିକ ସ୍ତରରେ ମୁଁ ଥିଲି କୋଡ଼ିଏ ବର୍ଷ ପଛରେ ।

ବୋଉର ଅନୁପସ୍ଥିତି ଜନିତ କଷ୍ଟର କିଛି ଉପଶମ ନାହିଁ ।

****

ରାତି ଦୁଇଟା ବାଜିଗଲାଣି। ଆଉ ପାଞ୍ଚମିନିଟ ପରେ ବୋର୍ଡିଙ୍ଗ ଆରମ୍ଭ ହେବ। ବିମାନ କର୍ମଚାରୀଙ୍କ ଘୋଷଣା ପରେ ମୁଁ ବି ପ୍ରସ୍ତୁତ ହେଲି ଅନ୍ୟମାନଙ୍କ ସହିତ। ଜିନିଷ ସବୁକୁ ପରଖି ନେଲି ୟା' ଭିତରେ। ଅନ୍ୟମାନଙ୍କ ସହିତ ଆଗେଇ ଯାଉ ଯାଉ ନିଜ ନିର୍ଦ୍ଧାରିତ ସ୍ଥାନରେ ଆସି ବସିଗଲିଣି କେତେବେଳେ।

ଫ୍ଲାଇଟ ବିଲମ୍ବ ନ ଥିଲେ ଏବେ ଘରେ ପହଞ୍ଚି ସାରନ୍ତିଣି।

ରାତି ଅନିଦ୍ରା ରହି ଯାତ୍ରା କରିବା ମୋ ପାଇଁ କିଛି ନୂଆ କଥା ନ ଥିଲା।

୨୦୦୪ ମସିହା କଥା। ସେତେବେଳେ ପୁରୀରେ ମୋର ଘର ତିଆରି ଚାଲିଥାଏ। ଶେଷ ପର୍ଯ୍ୟାୟରେ, ନନା ମୋ ପାଖରେ ରହି ମତେ ସାହାଯ୍ୟ କରୁଥିଲେ। ଦିଲ୍ଲୀ ଫେରିବାର ପୂର୍ବଦିନ ଇଚ୍ଛା କଲି ବୋଉ ପାଖକୁ ଯାଇ ତାକୁ ଟିକେ ଦେଖି ଆସିବା ପାଇଁ। ସେତେବେଳର ସମୟ ଥିଲା ଭିନ୍ନ। ବାପଘରକୁ ଯିବାକୁ ହେଲେ ଶାଶୁଘରର ଅନୁମତି ଦରକାର।

ମୋର ଅନୁରୋଧରେ ଶାଶୁ କହିଲେ– "କାହିଁକି ରାତିକ ପାଇଁ ଯିବୁ ଛୋଟଛୁଆକୁ ନେଇକି– ହଇରାଣ ହେବୁ।"

ମୁଁ କହିଲି "ବୋଉକୁ ଟିକେ ଦେଖ଼ ଦେଇକି ଆସିବି । ନନାଙ୍କୁ ଛାଡ଼ି ଫେରୁଥିବା ଗାଡ଼ିରେ ହିଁ ଫେରିଆସିବି ।"

ମନା କଲେନି ଶାଶୁ ।

କିନ୍ତୁ ଘରେ ପହଞ୍ଚୁ ପହଞ୍ଚୁ ରାତି ବାରଟା ବାଜିଗଲା । ବୋଉଟି ମୋର ଦାଣ୍ଡଘରଟିରେ ବସିଥିଲା ଆମ ଅପେକ୍ଷାରେ । ଡ୍ରାଇଭରକୁ ଅନୁରୋଧ କଲି ଏତେ ରାତିରେ ନ ଫେରି ବରଂ ସକାଳୁ ସକାଳୁ ବାହାରି ଯିବା । ଆରମ୍ଭରେ ମନା କରୁଥିବା ଲୋକଟି କ'ଣ ଭାବି ପୁଣି ରାଜି ହୋଇଗଲା । ସେଇ ରାତିଟି ଥିଲା ବୋଉ ସହିତ ମୋର ଶେଷ ଦେଖା ମାତ୍ର କେଇ ଘଣ୍ଟା ପାଇଁ ।

ଦାଣ୍ଡଘରେ ମସିଣାଟିଏ ପାରିଥିଲା ବୋଉ ନିଜ ପାଇଁ । ତାକୁ କୁଣ୍ଢେଇକି ଶୋଇବାର ସୁଯୋଗକୁ କେମିତି ବା ହାତଛଡ଼ା କରିଥାନ୍ତି ।

ବୋଉ କହିଲା– "ତୁ ହାଲିଆ ହୋଇକି ଆସିଛୁ । ଯା... ପିଲାଙ୍କ ପାଖରେ ଶୋଇବୁ ଯା ।"

ମୁଁ ହସି ହସି କି କହିଲି– "ଆଜିରାତି ପାଇଁ ସେମାନଙ୍କ ମା'ଠୁ ଅଧିକା, ମୁଁ ତୋ' ଝିଅ, ତେଣୁ ତୋ ପାଖରେ ହିଁ ଶୋଇବି ।"

ବୋଉକୁ କୁଣ୍ଢେଇକି ଶୋଇଲାବେଳେ ମୁଁ ତା'ପେଟରେ ମୁଣ୍ଡ ଗୁଞ୍ଜିଦିଏ । ତା' ଦେହରୁ ନଡ଼ିଆତେଲ ଆଉ ପଣସ ପାଉଡରର ଏକ ମିଶ୍ରିତବାସ୍ନା ମତେ ଖୁବ ଆରାମ ଦିଏ । ଯାତ୍ରାଜନିତ କ୍ଲାନ୍ତି ଯୋଗୁ ଶୀଘ୍ର ନିଦ ଆସିଗଲା । ବୋଉର ବାସ୍ନାଟିକୁ ନିଜ ଭିତରେ ଅନୁଭବ କରୁ କରୁ କେତେବେଳେ ଶୋଇ ପଡ଼ିଲି ମନେନାହିଁ ।

ସକାଳେ ଘର ଛାଡ଼ି ଆସିଲା ବେଳକୁ ଖୁଉବ ଅସହାୟ ମନେ କରୁଥିଲି ।

ବୋଉକୁ ଛାଡ଼ିକି ଆସିବା ପାଇଁ ଆଦୌ ମନ ନ ଥିଲା ।

ଲୁହ-ବତୁରା ଆଖି ପୋଛୁପୋଛୁ କହିଲା– "ସବୁବେଳେ ତ ଏମିତି ଆସିଲୁ ଆଉ ଗଲୁ । ଆରଥରକୁ ଆସିଲେ ପନ୍ଦରଦିନ ରହିକି ଯିବୁ ।"

ନୀରବରେ ସମ୍ମତି ଜଣେଇଲି ।

ମୁଁ ଆସିଲି ମଧ... ପନ୍ଦରଦିନ ରହିବା ପାଇଁ...

କିନ୍ତୁ ବୋଉ ସହିତ ରହିବା ପାଇଁ ନୁହେଁ...

ଆସିଥିଲି ତା' ଶୁଦ୍ଧଘରକୁ ।

****

ସେଦିନ ଥିଲା ବଡ଼ଓଷା, ପବିତ୍ର କାର୍ତ୍ତିକ ମାସର ଉପାନ୍ତ ଦିନ । ରାତି ପାହିଲେ କାର୍ତ୍ତିକ-ପୂର୍ଣ୍ଣିମା । ମୁଁ ଟିକେଟ କରି ସାରିଥିଲି ଓଡ଼ିଶା ପାଇଁ । ସ୍କୁଲରୁ ପନ୍ଦର ଦିନର ଛୁଟି ନେଇ, ବୋଉ ପାଖକୁ ଯିବାର ମୋର ପ୍ରସ୍ତୁତି ଚାଲିଥିଲା ।

ଯେହେତୁ ବୋଉର ସ୍ୱାସ୍ଥ୍ୟରେ କୌଣସି ପରିବର୍ତ୍ତନ ଆସୁ ନ ଥିଲା, ତେଣୁ ତାକୁ ଓଡ଼ିଶାକୁ ନେଇ ଆସିବାର ଏକ ଦିଗକୁ ପରଖ ନିଆ ଯାଇଥିଲା । ମୁଁ ମନେ ମନେ ଭାବିନେଲି ଏବେ ମୁଁ ବୋଉ ପାଖରେ ରହି ତା'ର ସେବା କରିବି । ତେଣୁ ଟିକେଟ ବି କରିନେଲି ।

ଯଦିଓ ମୋ ମନରେ ଆସୁଥିଲା ଅନେକ ପ୍ରଶ୍ନ...

ବୋଉ ଟିକେ ଭଲ ହୋଇଗଲେ ତାକୁ ନେଇ ଆସିବି କି ମୋ ପାଖକୁ ?

ନା ଆଉ ଟିକେ ଅଧିକା ଦିନ ରହିଯିବି ତା' ପାଖରେ ?

ରାତିରେ ଶୀଘ୍ର ଶୀଘ୍ର କାମ ସାରି ପିଲାମାନଙ୍କୁ ଶୁଆଇବାକୁ ଗଲାବେଳେ ଡ୍ରଇଂରୁମର ଫୋନଟି ବାଜିବାକୁ ଲାଗିଲା ଅନବରତ ।

ଫୋନ ଉଠେଇଲି ।

ଆରପଟୁ ସାନଭାଇର ସ୍ୱର...

"ଆଉ ନୁହେଁ ଲୋ ନାନୀ... ବୋଉ ଚାଲିଗଲା କୋମାରେ..."

କଇଁ-କଇଁ ହୋଇ କାନ୍ଦିବାକୁ ଲାଗିଲା ସାନଭାଇଟି ମୋର । ମୁଁ କିନ୍ତୁ ମାନିବାକୁ ପ୍ରସ୍ତୁତ ନ ଥିଲି ।

କଠୋର ସତ୍ୟଠୁ ବହୁତ ଦୂରରେ ଥାଇ ତାକୁ ବୁଝେଇବାକୁ ଲାଗିଲି...” ଆରେ ନା'ରେ... ଆଦୌ ବ୍ୟସ୍ତ ହୁଅନି ତୁ । ସବୁ ଠିକ ହୋଇଯିବ । ବୋଉ ଭଲ ହୋଇଯିବ ଶୀଘ୍ର । ମୁଁ ତା' ପାଇଁ ପୂଜା କରୁଛି ସବୁଦିନ । କାଲି ପଣ୍ଡିତଙ୍କ ସାଙ୍ଗରେ କଥା ହୋଇ ତା'ର ରିଷ୍ଟ କାଟିବା ପାଇଁ ଗୋଟେ ହୋମ କରେଇଛି । କିଛି ହେବନି ତା'ର... କୋମାରୁ ବାହାରି ଆସିବ ଶୀଘ୍ର ।"

କାନ୍ଦି-କାନ୍ଦି ଭାଇ କହିଲା– "ଡ଼ାକ୍ତର ମନା କରି ଦେଲେଣି । "

ମୁଁ କିନ୍ତୁ ଥିଲି ଭିନ୍ନ ଏକ ଦୁନିଆରେ । ଓଡ଼ିଶା ଯାତ୍ରା ପାଇଁ ଜିନିଷକୁ ସାଇତିକି ରଖୁଥିଲି ସୁଟକେଶରେ । ବୋଉ ପାଇଁ କିଣିଥିବା ଶାଲ, ନୂଆ ଚପଲ ଏବଂ ତା' ମନପସନ୍ଦର କିଛି ଖାଇବା ଜିନିଷ ।

ଯଦିଓ ବୋଉର ଶେଷଯାତ୍ରା ଆରମ୍ଭ ହୋଇ ସାରିଥିଲା, ମୁଁ କିନ୍ତୁ ମାନୁ ନ ଥିଲି । କେତେ କଷ୍ଟରେ ରାତିଟି କଟେଇଲି ।

ପିଲାମାନଙ୍କ ଅନାବନା କଥାରେ ବୋଧହୁଏ ବୋଉ ହେବାର ଅଭିନୟ କରୁଥିଲି ।

****

ସକାଳ ପାହିଲେ କାର୍ତ୍ତିକ-ପୂର୍ଣ୍ଣିମା । ଏକମାସ ବ୍ରତର ଶେଷଦିନ । ବ୍ରତଧାରୀ ମାନଙ୍କର ଶେଷପୂଜା ପାଇଁ ମନ୍ଦିରରେ ଭିଡ଼ ଲାଗିଥିବ । ନଦୀ-ପୋଖରୀ ପ୍ରତି ଜଳାଧାରାରେ ଲକ୍ଷ-ଲକ୍ଷ ଲୋକ ବୁଡ଼ ପକାଉଥିବେ । ଏଇ ଦିନଟି ହେଉଛି ଦେବ- ଦୀପାବଳୀର ଦିନ । କଥାରେ ଅଛି ସବୁ ଦେବା-ଦେବୀ ଭୋର ସମୟରେ ଆସନ୍ତି ଧରାପୃଷ୍ଟକୁ । ଲୋକମାନେ ଦେବକୃପା ଲାଭ କରିବାକୁ ବୁଡ଼ ପକାନ୍ତି ଏଇ ଦିନଟିରେ ।

୨୦୦୪ ମସିହାର ସେଇ ଦିନଟି ଥିଲା ମୋ' ପରିବାର ପାଇଁ ଏକ ଦୁଃଖଦ ଦିନ । ବୋଧହୁଏ ତ୍ରେତିଶକୋଟି ଦେବା-ଦେବୀଙ୍କର ଆଗମନୀ ଥିଲା ମୋ' ବୋଉର କଷ୍ଟକୁ ଲାଘବ କରିବା ପାଇଁ । ବ୍ରାହ୍ମ-ମୁହୂର୍ତ୍ତରେ ବୋଉ ମୋର ଶେଷ ନିଃଶ୍ୱାସ ତ୍ୟାଗକଲା –ଏକ ଅଜଣା, ଅପରିଚିତ ସହରର ଏକ ନାମୀ ଡାକ୍ତରଖାନାର ଆଇ-ସି-ୟୁ ଭିତରେ ।

ଭେଣ୍ଟିଲେଟର ସହାୟତାରେ ଗତ କେଇ ଦିନ ଧରି ଉଧାରରେ ବଞ୍ଚୁଥିବା ଜୀବନକୁ ସିଏ ଆଜି ମନା କରି ଦେଇଥିଲା ସବୁଦିନ ପାଇଁ । କୋମାରେ ଯିବାର ପାଞ୍ଚ-ଛଅ ଘଣ୍ଟା ପରେ ଶରୀର ତ୍ୟାଗ କଲା ସିଏ ।

କାର୍ତ୍ତିକ-ପୂର୍ଣ୍ଣିମାର ସକାଳ ଫୋନକଲଟି ଆସିଥିଲା ଭାଉଜଙ୍କ ଭାଇଙ୍କ ପାଖରୁ... ”ମାଉସୀ ଚାଲିଗଲେ ଆମସମସ୍ତଙ୍କୁ ଛାଡ଼ି ।“

କାନ୍ଦି କାନ୍ଦି ମୁଁ ଖୋଜୁଥିଲି ବୋଉକୁ । ଆଉ କେବେ ତାକୁ ନ ଦେଖି ପାରିବାର ଗ୍ଲାନିରେ ଧିକ୍କାର କରୁଥିଲି ନିଜକୁ ।

କିନ୍ତୁ ବହୁତ ଡେରି ହୋଇ ସାରିଥିଲା ।

ଓଡ଼ିଶା ଯିବି କି ହାଇଦ୍ରାବାଦ ଯିବି କିଛି ବୁଝିପାରୁ ନ ଥିଲି । ନନାଙ୍କ ସହିତ କଥା ହେଲି । ଭୋ-ଭୋ ହୋଇ କାନ୍ଦିଲି । ନନା ଥିଲେ ନିର୍ଲିପ୍ତ ।

କହିଲେ... ”କାନ୍ଦନି ମା, ଯାହା ହେବାର ଥିଲା, ତାହା ହୋଇସାରିଲାଣି । ଭଗବାନଙ୍କ ଇଚ୍ଛା ଆଗରେ ଆମେ ତୁଚ୍ଛ । ତୁ ପୁରୀରେ ପହଞ୍ଚିଯା । ଆମେ ବୋଉକୁ ନେଇ ପହଞ୍ଚିବୁ କାଲି ସକାଳେ । ତା'ର ଶେଷ ଇଚ୍ଛା ଅନୁସାରେ କାମ ହେବ ।“

ସେମିତି ହିଁ ହେଲା । ବୋଉର ଶେଷଦର୍ଶନ କଲି ପୁରୀ ସ୍ୱର୍ଗଦ୍ୱାରରେ । ଆଜି ବି ବୋଉଟି ମତେ ହିଁ ଅପେକ୍ଷା କରୁଥିଲା । ତା' ଝିଅ ଆସିଲା ପରେ ସେ ଯିବ ଜୁଇକୁ ।

ବୋଉକୁ ଦେଖି ମୁଁ ଚିହ୍ନି ପାରିଲିନି । ଗୋରା ତକ-ତକ ଶରୀରଟି ତା'ର ଶୁଖ୍ବି କଳାକାଠ ହୋଇଯାଇଛି ।

ଏଇ କ'ଣ ମୋ ବୋଉ ?

ଜୀବନର ସ୍ରୋତ ଥିଲା ସେ ଘରର । ଆମ୍ଭେ ଛାଡ଼ିଦେଲେ କ'ଣ ଏଇ ଅବସ୍ଥା ହୁଏ ଶରୀର ର ?

ଆମ ସମସ୍ତଙ୍କୁ ଛାଡ଼ି ବୋଉ ଚାଲି ଯାଇଥିଲା ଆରପାରିକୁ । ତା'ର ଶବଧାର ପାଖରେ ଥିଲେ ତା'ର ପ୍ରିୟଜନ, ତା'ର ଜ୍ଞାତି-କୁଟୁମ୍ବମାନେ ।

ଜୀବନ କାଳରେ କହୁଥିଲା... "ମୁଁ ଏମିତି ଦିନରେ ମରିବି- ଯେତେବେଳେ ସମସ୍ତଙ୍କର ଛୁଟିଥିବ । ମୋ ଶ୍ରାଦ୍ଧରେ ସମସ୍ତେ ଏକାଠି ଆସିପାରିବେ ।"

ଘରେ ଲୋକବାକ ଆସୁଥିଲେ ସବୁଠୁ ଅଧିକା ଖୁସି ହୋଉଥିଲା ବୋଉ । କେବଳ ଜୀବନକାଳରେ ନୁହେଁ, ପରଲୋକରେ ଗଲେ ମଧ ବନ୍ଧୁ-ବାନ୍ଧବଙ୍କୁ ବାନ୍ଧି ରଖିବା ପାଇଁ ଦିନଟିଏ ଖୋଜୁଥିଲା ସିଏ ନିଜପାଇଁ । ମତେ ପଚାରୁଥିଲା ମଧ– "ସେମିତି କୋଉ ଦିନ ଅଛି କି ?"

ମୁଁ ତା' କଥାକୁ ହସରେ ଉଡ଼େଇ ଦେଉଥିଲି-
"ଯାଃ ମ । ତୋର ଯୋଉ କଥା ସବୁ ।"

କହିଲି– "ତାରିଖ ତ ଅଛି, କିନ୍ତୁ ଦିନ ନାହିଁ
ଲୋ ବୋଉ । ଶ୍ରାଦ୍ଧ ତ ତିଥିରେ ହୁଏ, ତାରିଖରେ ନୁହେଁ ।
ତେଣୁ ତୁ ଜମା ମରିବୁନି ।"

ମୋର ପିଲାଳିଆମି ଉପରେ ହସ ଲାଗିଲା
ମତେ । ବୋଉ କିନ୍ତୁ ବାଛି ନେଇଥିଲା...ତା' ପାଇଁ ଦିନଟିଏ...
ନା... ନା... ତିଥିଟିଏ ।

ତିଥି ଟିଏ ଏମିତି ଦିନରେ ଯେବେ ସମସ୍ତଙ୍କର
ଛୁଟି ଥିବ...

ତିଥି ଟିଏ ଏମିତି ଦିନରେ ଯେବେ ସମସ୍ତେ
ଘରକୁ ଆସିପାରିବେ ତା ଶ୍ରାଦ୍ଧ ଦିବସରେ...

ତିଥି ଟିଏ -କାର୍ତ୍ତିକ-ପୂର୍ଣ୍ଣିମା ରେ ।

****

ପାଇଲଟଙ୍କ ଘୋଷଣାରେ ସଚେତନ ହେଲି ମୁଁ । ଆଉ ପନ୍ଦର ମିନିଟ ପରେ ହାଇଦ୍ରାବାଦରେ ଅବତରଣ କରିବ ଆମ ବିମାନ ।

ଦିଲ୍ଲୀରୁ ହାଇଦ୍ରାବାଦ ମାତ୍ର ଦୁଇଘଣ୍ଟାର ରାସ୍ତା । କାହିଁକି ମୁଁ ଆସିଲିନି ବୋଉକୁ ଥରଟିଏ ଦେଖିବା ପାଇଁ ?

ପୁଣି ଥରେ ସେଇ କଷ୍ଟ ଅନୁଭବ କଲି ଛାତିରେ । ଔଷଧ ତ ଖାଇ ସାରିଛି...

ତେବେ ଏଇ କଷ୍ଟ ବୋଉକୁ ନେଇ ନୁଁହେ ତ ?

ଆମ ଜୀବନରେ ଏମିତି ବହୁତ ଘଟଣା ଘଟିଯାଏ ତା'ର ଉତ୍ତର ଖୋଜି ପାଇବା କଷ୍ଟକର ହୁଏ । ମୋ ଜୀବନରେ ବୋଉ ପାଖରେ ଶେଷସମୟରେ ନ ରହି ପାରିବାର ଉତ୍ତର ମୁଁ ଆଜିଯାଏଁ ଖୋଜୁଛି ।

****

ହାଇଦ୍ରାବାଦ ବିମାନ ବନ୍ଦରରେ ପହଞ୍ଚିଲା ବେଳକୁ ଭୋର ପାଞ୍ଚଟା ବାଜିଲାଣି । ଲଗେଜ କାଉଣ୍ଟରରେ ଗୁଡ଼ାଏ ସମୟ ଲାଗିଗଲା ମତେ । ରଘୁ ମୋ' ପାଇଁ ଅପେକ୍ଷା କରି କରି ଥକି ଯାଇଥିଲା ବୋଧେ ତେଣୁ ବିଶେଷ କିଛି କଥାବାର୍ତ୍ତା ନ କରି ଲଗେଜକୁ ଗାଡ଼ିରେ ରଖିଲା ।

ପଛ ସିଟରେ ଯାଇ ଚୁପଚାପ ବସିପଡ଼ିଲି । ଗୋଟେ ପାଣିବୋତଲ ସାଙ୍ଗରେ କିଛି ବିସ୍କୁଟ ରଖା ହୋଇଥିଲା ମୋ ପାଇଁ । ରାତି ଅନିଦ୍ରା ଯୋଗୁଁ ମୁଁ ଥକି ଯାଇଥିଲି । ଭୋକ ତ ନ ଥିଲା ନିଦ ବି ନ ଥିଲା ଆଖିରେ । ଅଧିକା ଥକିଗଲେ ବି ନିଦ ଲାଗେନି ।

ଜିନିଷ ଗୁଡ଼ିକୁ ସିଟରୁ ଉଠେଇ ନିଜ ପାଇଁ ଟିକେ ଅଧିକା ଜାଗା ବନେଇଲି ଆଉ ଗୋଡ଼ହାତ ଟେକିଦେଇ ଆଉଜି ପଡ଼ିଲି ପଛ ସିଟରେ । ସକାଳର ଆଦ୍ୟ ପରଶରେ ଟିକେ ଟିକେ ଶୀତ ଲାଗୁଥିଲା ମତେ । ହାଇଦ୍ରାବାଦ ସହରରେ ଏକ ଆମ୍ୟୀୟତା ଅନୁଭବ କରୁଥିଲି ।

ବୋଉର ସ୍ମୃତି ମତେ ଘେରି ରଖିଥିଲା ଏକ

ଉଷ୍ମ ଚାଦରରେ । ଚେଷ୍ଟା କଲି ଶୋଇବା ପାଇଁ । କେତେବେଲେ ଆଖି ଲାଗିଗଲା ମନେନାହିଁ । ହଠାତ ଏକ

ମିଠା-ମିଠା ବାସ୍ନାରେ ନିଦ ଭାଙ୍ଗିଗଲା । ସଚେତନ ହେଲି ମୁଁ ।

ଦେହ ଶୀତେଇ ଉଠିଲା ।

ଏ ବାସ୍ନା ତ ମୋର ନିହାତି ନିଜର... କୁଆଡୁ ଆସୁଛି ଏ ବାସ୍ନା...

ନଡ଼ିଆତେଲ ଆଉ ପଣ୍ଡସ ପାଉଡରର ମିଶ୍ରିତ ବାସ୍ନା...

ମୋ' ବୋଉର ବାସ୍ନା...

ମୋ' ପାଟିରୁ ଆପେ ଆପେ ବାହାରି ଆସିଲା- "ବୋଉ" ।

ଗାଡିରେ ବ୍ରେକ ଦେଇ ରଘୁ ପଚାରିଲା–କିଛି ଦରକାର କି ମତେ ? ଭାଷା ଜନିତ ଅନଭିଜ୍ଞତା ଯୋଗୁଁ ସେ ବୁଝି ପାରିଲାନି ମୁଁ କ'ଣ କହିଲି ।

ବୋଉର ଉପସ୍ଥିତି ମତେ ଆନ୍ଦୋଳିତ କରୁଥିଲା । କଥା ବଦଳେଇ ମୁଁ ପଚାରିଲି– "ଆଉ କେତେ ସମୟ ଲାଗିବ ଘରେ ପହଞ୍ଚିବା ପାଇଁ ?"

"କୋଡ଼ିଏ ରୁ ପଚିଶ ମିନଟ ଲାଗିବ"- ରଘୁର ସଂକ୍ଷିପ୍ତ ଉତ୍ତର ଏକ ମୃଦୁ ଆଘାତ କଲା ମୋର ବୋଉମୟ ବାତାବରଣରେ ।

ଏୟାରପୋର୍ଟ ରାସ୍ତା ଛାଡ଼ି ସହରର ରାସ୍ତା ଧରିଲାଣି ଗାଡ଼ିଟି । ସୂର୍ଯ୍ୟୋଦୟ ହେବ ଆଉ ମାତ୍ର କିଛି ସମୟ ଭିତରେ । ଚାରିଆଡ଼ ଫର୍ଚ୍ଚା ହୋଇ ଆସିଲାଣି । ଗାଡ଼ିର ଗତି ଶିଥିଳ ହେବା ଯୋଗୁ ଦୁଇ ପାର୍ଶ୍ୱ ମତେ ପରିଷ୍କାର ଦେଖାଗଲାଣି । ଇଏ ତ ଗୋଟେ ବଡ଼ ହସ୍ପିଟାଲ ପରି ଲାଗୁଛି । ଚଷମାକାଚ ପୋଛି ପଢ଼ିବାକୁ ଚେଷ୍ଟା କଲି "ହାଇଦ୍ରାବାଦ ହସ୍ପିଟାଲ ।"

ଦଲକାଏ ଶୀତଳ ପବନ ଲେସି ହେଇଗଲା ମୋ' ଦେହରେ ।

ହାତ-ପାଦ ମୋର ଥରିବାକୁ ଲାଗିଲା । ଆଖିକୋଣରୁ ଝରି ଆସିଲା ଦୁଇ ଧାର ଲୁହ ।

ମତେ ଲାଗିଲା ବୋଉ ମୋର ଏଠି ଅଛି...

ସତେ ଅବା ବସିଛି ମୋ ପାଖରେ ।

ହାତ ବଢ଼େଇ ତାକୁ କୁଣ୍ଢେଇବାକୁ ଚେଷ୍ଟା କଲି ।

ଶୂନ୍ୟତାକୁ ବାନ୍ଧିବାରେ ମୋର ଥିଲା ଅସଫଳ ପ୍ରୟାସ ।

ଆଖି ଲୁହରେ ଅସ୍ପଷ୍ଟ ହେଉଥିଲା ସବୁ କିଛି । ମୁଁ ଖୋଜୁଥିଲି ବୋଉକୁ ।

****

"ଆଉ ପୁଣି କେବେ ଲେଖିପାରିବି" ର ପ୍ରଶ୍ନରୁ "ଅସମାହିତ"ର
ଯାତ୍ରାରେ ଯୋଗ ଦେଇଥିବା ମୋ ପରିବାରର ପ୍ରତ୍ୟେକ ସଦସ୍ୟଙ୍କ
ହାତରେ...